PRIX : 2 FRANCS

PLAN
DE
CONFÉDÉRATION EUROPÉENNE ET UNIVERSELLE
DU
LIVRE PRÉCURSEUR

AVEC UNE CARTE

PARIS
IMPRIMERIE ET LIBRAIRIE ADMINISTRATIVES DE PAUL DUPONT
RUE DE GRENELLE-SAINT-HONORÉ, 45
1867

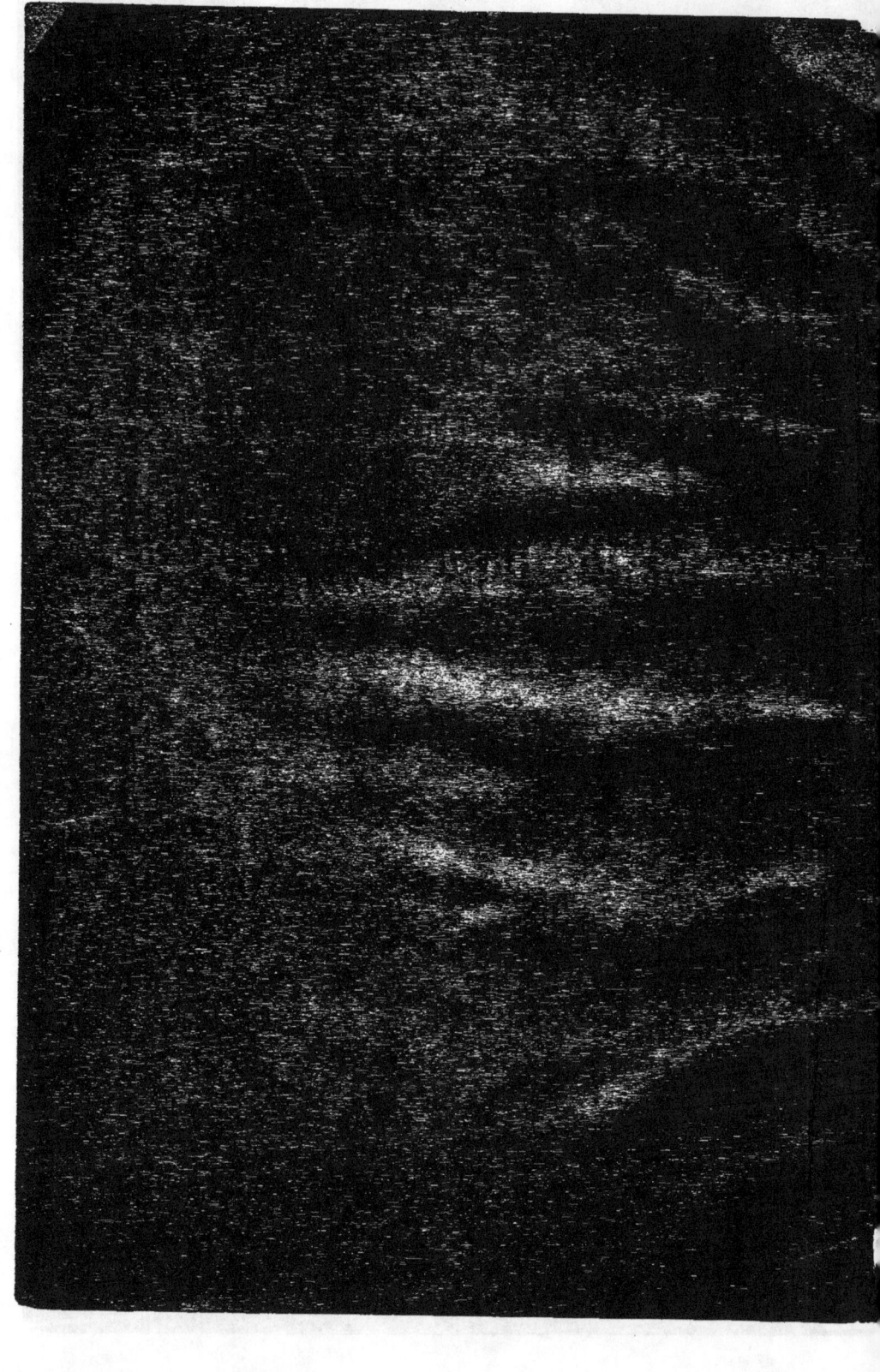

PLAN

DE

CONFÉDÉRATION EUROPÉENNE ET UNIVERSELLE

DU

LIVRE PRÉCURSEUR

PARIS
IMPRIMERIE ADMINISTRATIVE DE PAUL DUPONT
RUE DE GRENELLE-SAINT-HONORÉ, 45.

1867

PLAN

DE

CONFÉDÉRATION EUROPÉENNE ET UNIVERSELLE

DU

LIVRE PRÉCURSEUR

NOTICE EXPLICATIVE

Dans ce grand travail d'organisation générale, les différents peuples de la terre sont considérés comme membres d'une seule et même famille, ayant chacun des aptitudes diverses suivant son génie, sa force productive et le degré de son éducation, mais ayant tous les mêmes droits et les mêmes devoirs internationaux à remplir les uns à l'égard des autres.

Et les mers, les îles et les continents du globe sont considérés comme le patrimoine universel de cette famille de peuples qui s'appelle l'Humanité, et qu'on doit diriger, cultiver et exploiter non point dans l'intérêt exclusif de tel peuple ou de telle contrée, mais surtout dans l'intérêt général et universel. C'est pourquoi, la plupart des noms donnés aux divers États politiques de l'ordre nouveau doivent être regardés plutôt comme l'expression de souvenirs historiques que comme l'expression d'une individualité nationale exclusive.

Ces principes établis voici la description résumée du plan général de Confédération européenne et universelle du Livre Précurseur, ouvrage dont la publication a été retardée jusqu'à ce jour, son heure n'étant pas encore venue.

Les six grandes parties du Monde.

Dans l'ordre universel de la confédération des peuples, les divers continents du globe sont divisés, d'abord, en six grandes parties, savoir :

1° L'EUROPE, prolongée au-delà des monts Ourals sur le continent asiatique, dont elle prendra toute la partie septentrionale depuis les grands plateaux des monts Altaï, allant ainsi jusqu'au détroit de Behring et l'Océan Pacifique ;

2° L'ASIE, désormais limitée au nord par l'Europe agrandie, depuis les rives septentrionales de la mer Caspienne jusqu'à Pékin et le golfe de Petchyli, dans la mer Jaune ;

3° L'AFRIQUE, séparée de l'Asie par le canal de Suez ;

4° L'AMÉRIQUE, depuis le pôle nord jusqu'à l'isthme de Panama ;

5° LA COLOMBIE, depuis l'isthme de Panama jusqu'au cap Horn, c'est-à-dire, tout le continent désigné jusqu'à ce jour sous le nom d'Amérique méridionale.

6° L'OCÉANIE, comprenant toutes les terres groupées sous ce nom, qui s'étendent au nord et au sud de l'Équateur dans l'Océan Pacifique.

Territoire Cosméen, patrimoine universel, ou septième partie du monde.

En outre des six grandes parties du globe ci-dessus, il y en aura encore une septième, beaucoup moins grande, qui sera formée d'une partie de l'Europe et d'une partie de l'Asie et s'étendra à l'est et à l'ouest du Bosphore, sous le nom de Territoire Cosméen ou Patrimoine universel.

Les vingt-quatre Provinces du globe.

Chacune des six grandes parties du globe sera divisée en quatre circonscriptions générales, appelées provinces. Il y en aura quatre en Europe, quatre en Asie, quatre en Afrique, quatre en Amérique, quatre en Colombie et quatre en Océanie. Et chacune de ces vingt-quatre provinces sera composée d'une confédération impériale ou centrale et de six confédérations royales. La confédération impériale occupera, vers le centre de sa province, la troisième partie, environ, de son territoire, et les six confédérations royales, à peu près égales entre elles, se développeront autour de la première et lui seront limitrophes. La confédération impériale sera composée de vingt-quatre principautés et chacune des six confédérations royales en aura douze. La principauté, à son tour, sera composée de quatre duchés et le duché d'un nombre variable et indéterminé de comtés ou communes, dernier terme des subdivisions politiques et administratives de la confédération universelle.

Mais ces noms d'empire, de royaume, etc., donnés aux différents États politiques de la confédération, n'ont aucun rapport avec ces mêmes choses de l'ordre actuel; ils indiquent simplement la hiérarchie respective de chacun d'eux.

Les vingt-quatre Colonies Cosméennes.

Le Territoire Cosméen ou patrimoine universel formant la septième partie du monde, sera divisé en six parties principales, dont chacune représentera une des six parties de la terre. Et chacune des six parties du Territoire Cosméen contiendra quatre colonies. Il y aura ainsi, dans ce territoire, vingt-quatre Colonies Cosméennes, dont chacune représentera une des vingt-quatre provinces du globe et en portera le nom. Ces colonies relèveront directement de leur province respective, et résumeront toute la confédération universelle dans le Territoire Cosméen.

Patrimoine d'Israël et patrimoine des Apôtres.

Enfin, pour conserver au respect des générations les traditions religieuses et sociales, qui sont les fondations les plus vénérables de l'histoire et de la civilisation des peuples, il y aura deux autres territoires spéciaux, dont l'un portera le nom de Patrimoine d'Israël, et l'autre, celui de Patrimoine des Apôtres.

Le Patrimoine d'Israël comprendra toute la partie septentrionale de l'Arabie, qui baigne dans la Méditerranée, depuis l'isthme de Suez jusqu'au Territoire Cosméen. Il sera divisé en douze tribus, en mémoire des douze fils de Jacob, dont elles porteront les noms, et aura pour métropole Jérusalem.

Le Patrimoine des Apôtres comprendra à peu près le territoire actuel de ce nom. Il sera divisé en douze diocèses, en mémoire des douze fondateurs de l'Église chrétienne, dont ils porteront aussi les noms, et conservera Rome pour métropole.

Le rétablissement du Patrimoine d'Israël ne sera point le retour de la nation israélite dans l'État où elle était avant sa dispersion aux quatre coins du monde. Mais sa mission n'en sera pas moins belle, et elle occupera la place qui lui est due au sein des peuples confédérés, vivant sous les mêmes lois et la même protection générale, n'ayant en propre que son organisation politique intérieure et l'histoire de son passé.

Au point de vue religieux et chrétien, il est essentiel que les fondations sur lesquelles le temple du christianisme a été élevé ne soient point abandonnées à jamais aux injures du temps, de peur que ce temple ne vienne à s'écrouler un jour.

Dans le Patrimoine des Apôtres, les habitants n'auront point non plus d'autres lois que celles qui régiront les autres peuples de la confédération. Mais ce patrimione est nécessaire au maintien de l'unité religeuse et à la libre manifestation de la parole évangélique, qui est le feu sacré de la vraie civilisation du monde. Ce patrimoine est petit, au point de vue territorial, mais sa puissance spirituelle d'expansion n'en sera que plus grande et plus féconde, et, quand il aura été régénéré, il sera comme un diadème spirituel et comme le phare du monde élevé sur la Péninsule italique pour servir de guide aux générations.

Que l'Italie ne cherche donc pas à posséder Rome pour capitale, ce serait le plus grand malheur qui puisse lui arriver ; car, loin de l'agrandir, cette possession ne ferait que paralyser son développement naturel et nuirait à elle bien plus qu'aux successeurs des apôtres. D'ailleurs, le prestige éteint de la Rome ancienne ne peut plus renaître de ses cendres, et la Rome nouvelle ne peut acquérir d'autre prestige et d'autre gloire que celle que le fondateur de l'Église chrétienne lui a légué, et que ses successeurs peuvent seuls lui conserver. Cependant, ce qui doit tomber tombera, mais Dieu relèvera et raffermira ce qui doit subsister jusqu'à la fin des générations.

Centres politiques de la Confédération.

Pour distinguer la hiérarchie des divers centres politiques de la confédération, on a donné au centre ducal le nom de Capitaline, au centre de principauté, le nom de Médiapole, à celui de royaume, le nom de Capitale, à celui d'empire et de province, le nom de Métropole, et, enfin, à celui de la confédération universelle, on a donné le nom de Pantopole, c'est-à-dire, ville de tous les peuples, dont le siége futur sera établi sur le Bosphore, au centre du Territoire Cosméen.

Ces centres politiques de la confédération ne seront point une agglomération plus ou moins régulière d'habitations et de palais, auxquels on peut ajouter indéfiniment d'autres palais et d'autres habitations, mais ils seront l'expression véritable et comme le résumé des éléments sociaux du territoire de leur juridiction, c'est-à-dire qu'ils seront exactement à son égard ce que la tête est au reste du corps.

Réseau artériel.

Dans l'ensemble du réseau artériel de la circulation générale, chaque province aura une grande voie principale, supérieure à toutes les autres, appelée artère centrale, qui la mettra en communication directe avec la Pantopole, soit par elle-même, soit en se reliant aux voies des autres provinces, limitrophes ou centrales. Chaque royaume aura aussi son artère centrale, laquelle, passant au milieu de son territoire et le traversant d'une extrémité à l'autre, sera dirigée vers la métropole de sa province dans le sens du rayonnement. Chaque principauté sera traversée par deux voies perpendiculaires entre elles, qui partageront son territoire en quatre parties à peu près égales, formant et limitant ainsi ses quatre duchés. Le duché sera traversé également par deux voies perpendiculaires entre elles, auxquelles s'ajouteront deux diagonales, dont l'ensemble formera huit rayons, qui convergeront du centre aux extrémités de son territoire. Et toutes ces voies, qui compléteront le réseau des principales artères de circulation nationales et internationales, seront correspondantes entre elles, depuis les contrées les plus éloignées jusqu'au Territoire Cosméen, comme si une seule main les eût tracées.

Ainsi, tous les centres politiques seront reliés entre eux et vers leurs centres supérieurs d'une manière régulière et normale ; le mouvement des rapports sociaux de fécondation générale se trouvera réparti avec sagesse et harmonie, aux centres comme aux extrémités ; les frontières elles-mêmes seront toutes tracées par des voies de communication ; les chaînes de montagnes ne seront plus choisies comme des barrières entre peuples voisins ; tous les territoires, les différents États et même les communes, seront limités selon l'ordre général de la confédération ; les îles, dispersées dans les eaux, seront rattachées, à titre de colonies, aux provinces et aux États dont elle seront le plus rapprochées ; la circulation des mers, comme celle de la terre ferme, sera libre dans toute son étendue, et rien ne sera laissé en litige : les différends accidentels qui pourront surgir entre nations seront déférés au Conseil international qui sera établi dans la métropole de chaque province, et jugés en dernier ressort par le Conseil supérieur et universel de la Pantopole. Les poids, mesures et monnaies seront communs à tous les peuples. La langue française, déjà acceptée dans la diplomatie européenne, sera adoptée comme langue internationale de la confédération, et les peuples, n'ayant plus qu'une seule langue étrangère à apprendre pour communiquer entre eux sans intermédiaire, ni d'autres conquêtes à faire que celles de la civilisation, la paix, cette paix véritable, solide, constante et sans points noirs, s'établira successivement sur toutes les contrées organisées du globe terrestre.

Forme de Gouvernement.

Au point de vue gouvernemental, le plan de confédération du Livre Précurseur peut convenir aussi bien à une république qu'à une monarchie; mais la forme que doit prévaloir un jour et qui sera définitive, c'est celle d'une monarchie républicaine, c'est-à-dire un État dans lequel le chef du gouvernement ou le souverain est élu à vie par le suffrage universel, et où l'hérédité est légitimée par la confirmation de ce même suffrage à chaque changement de chef ou chaque nouveau règne, et il en sera ainsi depuis le souverain d'un simple duché jusqu'au chef de la confédération universelle. Car, chaque duché, chaque principauté comme chaque royaume, aura son propre gouvernement, et, en dehors des lois supérieures d'intérêt général et humanitaire, communes à tous les peuples, chaque État politique, petit ou grand, administrera ses intérêts particuliers dans une indépendance complète.

Le mécanisme de cette forme de gouvernement peut être comparé à un char qui en représenterait l'administration générale, dont l'essieu serait le chef de l'État, les roues ses ministres, les chevaux les assemblées politiques, et qui aurait pour conducteur l'intelligence et la volonté nationales. Une telle forme de gouvernement, qui est la plus stable et la plus régulière, serait à la fois la plus vénérée des monarchies et la plus féconde des républiques.

APPLICATION IMMÉDIATE DE L'ORDRE NOUVEAU

Province de l'Europe Occidentale.

Comme on peut le voir sur la carte ci-jointe, la province de l'Europe Occidentale, par les nations supérieures dont elle est composée, renferme en elle-même tous les éléments fécondateurs de la civilisation du monde ; c'est donc cette province qui doit être organisée la première, afin qu'elle puisse accomplir ensuite l'œuvre universelle qui fera de tous les peuples une seule famille de frères. Elle sera ainsi la province fondatrice de l'ordre nouveau.

Dans ce grand travail de fondation, il faut d'abord organiser d'une manière provisoire toutes les choses les plus essentielles, en commençant par le centre, c'est-à-dire, par la métropole, qui est Paris, puis, s'étendre successivement jusqu'aux frontières actuelles de la France ; ensuite, aux limites de ce qui doit être la confédération impériale, et, enfin, jusqu'aux extrémités de la province. La ville ou le village le plus rapproché d'un centre à établir dans une circonscription nouvellement tracée servira de base au chef-lieu définitif de cette circonscription ; s'il n'y a point d'habitations, on y élèvera les constructions les plus indispensables pour y loger provisoirement l'administration, avec un bureau de poste et de télégraphie, comme ferait une armée de colons en campagne ; puis, on établira les voies de communication les plus nécessaires, en attendant l'établissement des voies définitives, et ensuite, sous la première impulsion donnée, les choses se développeront d'elles-mêmes, en créant des travaux immenses et productifs dans tous les pays où l'ordre nouveau sera établi.

Les chemins de fer actuels qui ne pourront être utilisés dans les voies principales seront utilisés dans les voies secondaires ; mais, quel que soit leur tracé, quelle que soit l'importance des chefs-lieux établis, ils ne doivent point faire dévier de l'ordre général. Aujourd'hui, les chemins de fer s'établissent sur les centres de population déjà développés, et contribuent ainsi à augmenter l'inégalité de répartition ; désormais, au contraire, ce sont les villes qui iront se fonder et se développer, selon leur destination, sur les voies nouvelles, tracées souvent dans des contrées désertes.

Métropole de l'Europe Occidentale.

L'enceinte générale de la Métropole de l'Europe Occidentale sera composée de trois grands centres urbains appelés : Paris-Nord, Paris-Sud et Paris-Central, ou, proprement dit, Métropole. Le centre urbain de Paris-Nord comprendra le Paris actuel, le Paris-Sud, qui lui sera correspondant, sera fondé vers Arpajon, et le Paris-Central occupera le milieu entre les deux. Ces trois centres seront disposés et aménagés pour contenir ensemble et à l'aise une population normale d'environ deux millions cinq cent mille habitants, sans compter leur banlieue : cinq cents mille pour le Paris-Central et un million pour chacun des deux autres centres.

Le Paris-Central sera divisé en six grandes régions urbaines, qui représenteront les six confédérations royales de la province. Ces différentes régions urbaines de la Métropole appartiendront, en propre, aux confédérations qu'elles représenteront, et où elles s'établiront comme dans leur propre capitale, en se conformant simplement à l'ordre général de l'édilité métropolitaine. Et, de même qu'il y a, dans la province, la confédération royale d'Angleterre, la confédération royale de Pologne, la confédération royale de Germanie, la confédération royale de Hongrie, la confédération royale d'Italie et la confédération royale d'Espagne, de même aussi, il y aura, dans la métropole, la région urbaine d'Angleterre, la région urbaine de Pologne, la région urbaine de Germanie, la région urbaine de Hongrie, la région urbaine d'Italie et la région urbaine d'Espagne.

Le Paris-Nord et le Paris-Sud seront divisés chacun en douze petites régions urbaines, qui représenteront ensemble les vingt-quatre principautés de la confédération impériale, dans les mêmes conditions que celles de Paris-Central à l'égard des six confédérations royales.

Ainsi, dans l'ordre nouveau, Paris n'appartiendra plus en propre à la France, mais il appartiendra en commun à tous les États confédérés de la province de l'Europe Occidentale.

En dehors du centre urbain de Paris-Nord, il y aura une zone de parcs élyséens qui s'étendra tout autour de la ligne extérieure des fortifications. Cette zone sera consacrée aux délassements champêtres des citadins. Elle n'aura donc ni fabrique ni industrie, mais seulement des villas, publiques ou particulières, des habitations de plaisance, des pavillons de repos, et principalement des jeux de gymnastique, si nécessaires à la santé du corps, à ceux surtout qui se livrent presque entièrement aux travaux de l'esprit. Ces parcs élyséens seront ainsi le complément et comme une extension du bois de Boulogne et du parc de Vincennes.

Immédiatement après cette zone, il y en aura une dernière, qui touchera à la banlieue et qui s'étendra en demi-cercle autour de la précédente sur une largeur d'environ quinze cents mètres. Celle-ci sera consacrée tout entière à l'Assistance publique. La partie du milieu, qui touche à Saint-Ouen, près de Saint-Denis, sera destinée à la nécropole générale de la ville. De chaque côté de la nécropole la zone sera divisée en trois sections correspondantes, et la section qui touchera à Saint-Cloud, comme celle qui touchera à Vincennes, seront destinées, l'une et l'autre, aux ateliers ou laboristères du chômage, où tous ceux qui viendront à manquer de travail pour vivre, seront reçus et hébergés temporairement, comme chez eux, mais sans autre salaire que le coucher, une nourriture saine et suffisante, le linge et, au besoin, les vêtements nécessaires. Ces laboristères ne seront pas seulement de simples ateliers de travail, mais sans en excepter les professions libérales, ils seront aussi des lieux d'instruction élémentaire et d'apprentissage pour toutes les professions usuelles, des bureaux de placement pour les ouvriers, les employés, les aides et les serviteurs, et, en moralisant l'individu, ils s'attacheront également à moraliser le travail social dans toutes ses branches. Les deux sections correspondantes qui viennent après, en remontant vers le nord, seront destinées aux sanitaries, c'est-à-dire, à une réunion de différentes maisons de santé, pour remplacer les hôpitaux de la ville et contenir tout ce qui rapport aux malades et aux convalescents. C'est aussi dans ces deux sections que seront établis les siéges principaux des sœurs de charité. Les deux dernières, qui viennent ensuite et qui touchent aux dépendances de la nécropole seront destinées aux invalides et aux incurables de toutes catégories, civils ou militaires, hommes ou femmes, vieillards ou enfants, quelle que soit la nature de leurs infirmités.

Ainsi, excepté l'Hôtel-Dieu ou Hôpital central, qui s'élève actuellement dans l'île de la Cité, tout ce qui ressortira de l'Assistance publique sera réuni dans cette zone d'une manière plus morale et plus salubre, et, surtout, plus effective et plus économique.

Les prisons urbaines seront placées aussi à l'extérieur de la ville, sous le nom de colonies pénitentiaires, mais seulement pour les délits. Quant aux condamnés pour crimes, faux ou infamies, il y aura, pour ceux-là, des colonies spéciales de régénération placées en dehors du territoire.

Ministère spécial.

Pour l'application prompte et immédiate de l'ordre nouveau, Paris-Nord, actuellement établi remplira, provisoirement, la triple fonction de Capitale, de Métropole et de Pantopole. Il faut donc, premièrement, établir un ministère spécial dans cette ville. L'édifice le mieux approprié à cette destination serait l'École militaire et ses dépendances, avec le Champ-de-Mars pour réunir et expérimenter les différentes industries, qui viendront concourir à l'œuvre de fondation. Ce ministère étant indépendant des autres branches du gouvernement l'organisation nouvelle pourra s'accomplir d'une manière progressive, sans secousse et sans trouble, en laissant fonctionner les rouages existants de l'administration publique et ne les remplaçant qu'au fur et à mesure.

L'Impôt de Rédemption.

Parmi les sources qui serviront à féconder l'ordre nouveau, la principale et la plus importante sera l'impôt de rédemption. Cet impôt sera de un centime par tête et par jour, au minimum, et de cinq centimes au maximum. Il sera établi à dater du jour de l'adoption du plan de confédération universelle et de sa mise à exécution. Il sera prélevé, d'abord en France, et, ensuite, chez les autres peuples de la province, à mesure de leur adhésion et de leur concours. Cet impôt sera payé par tous également, depuis la naissance de l'individu jusqu'à son décès, quels que soient son âge, son sexe ou sa condition, depuis le chef de l'État jusqu'au plus humble et au plus pauvre parmi les pauvres des citoyens. Il sera ainsi la consécration du principe d'égalité entre tous les membres de la confédération, et la source féconde de grandes richesses en développant, sur la plus vaste échelle, la production générale dans toutes ses branches. Les autres impôts seront allégés d'autant et transformés en assurances contre tous risques et périls, même contre les maladies et contre la misère.

Aussitôt que l'impôt de rédemption pourra être prélevé régulièrement, il sera formé, au ministère spécial de l'École militaire, comme une armée de travailleurs, dont les chefs seront des contre-maîtres, des conducteurs et des ingénieurs. L'armée de guerre en sera l'avant-garde, et l'emploi de celle-ci devenant plus rare de jour en jour, elle finira par se transformer et se fondre entièrement dans l'armée des travailleurs.

Voilà les matériaux, voilà l'argent, voilà les hommes pour commencer l'exécution du plan de confédération générale du Livre Précurseur, non pas l'année prochaine, dans six mois ou même dans huit jours, mais demain, si on a aujourd'hui la volonté de l'entreprendre. Car, désormais, la volonté est la seule chose à obtenir du gouvernement et de la nation qui a été choisie pour fonder et accomplir cette grande œuvre humanitaire du siècle, l'œuvre de la rédemption universelle des peuples.

Jean-Joseph BREMOND.

1863.
PARIS.

Le millésime ci-dessus, d'abord fait à la main, a été adressé pour la première fois, le 3 juillet 1860, à M. le Ministre d'Etat près S. M. l'Empereur Napoléon III, à Paris; ensuite, à divers Membres du Conseil d'Etat, du Sénat et du Corps Législatif, enfin, une deuxième fois, à M. le Ministre d'Etat, le 24 octobre de la même année 1860.

Le dernier chiffre de ce millésime, qui s'est présenté à nous comme une vision, contient trois dates principales, 2, 3, et deux fois trois, c'est-à-dire 1862, 1863, et 1866. Ces trois dates expriment une suite d'événements corrélatifs dont nous ignorons encore toute la portée. Ce n'est donc que pour mémoire que nous le donnons ici en toute sincérité, persuadé que les événements ne tarderont pas à nous en faire connaître l'entière signification.

Nous ajoutons ce qui suit avec la même sincérité, comme se rapportant directement à ce qui précède.

C'était le 20 septembre de la présente année 1867, entre trois et quatre heures du matin, à ce moment-là, celui qui écrit ces lignes vit, comme dans un songe à l'état de veille, la lune en son plein vers le zénith; tout à coup, une grande gerbe de flamme s'en échappe, semblable à un volcan qui aurait jailli de son sein du côté du levant; au même instant les étoiles du firmament paraissent ébranlées et changent de place; la lune, poussée par l'éruption qui sortait de ses flancs, fuit avec rapidité dans le sens opposé à la gerbe de feu, et, en même temps, une grande étoile détachée du ciel suit la lune et la rejoint, puis l'une et l'autre disparaissent dans l'espace du côté du couchant.

En voyant cela, tout le monde était dans la crainte et la consternation, et se disait : Viendra-t-il une autre lune remplacer celle qui a disparu, ou est-ce le commencement de la fin ? Cependant, la lumière du soleil continuait d'éclairer la terre, mais l'astre était invisible et caché par des vapeurs célestes répandues dans le firmament.

Et maintenant, que les clairvoyants méditent ces choses dans le calme de leur esprit, et ils en auront l'intelligence avant même qu'elles soient arrivées; car celui qui les a vues les décrit lui-même telles qu'elles se sont présentées à ses yeux ou à son esprit, et il les certifie véritables.

J.-J. B.

Paris.—Imp. PAUL DUPONT, 45, rue de Grenelle-Saint-Honoré. (4032.10.7)

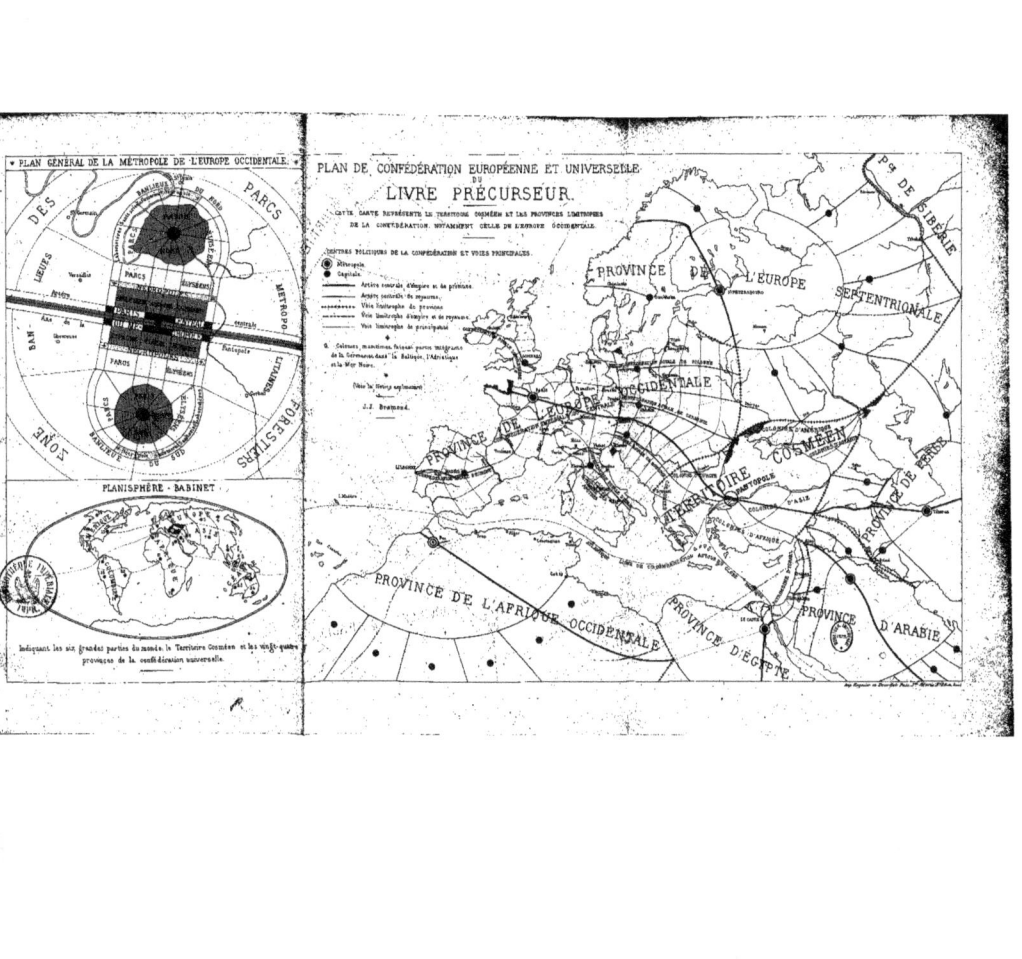